U0095902

冲段必备

化繁为简学围棋

小目低挂二间低夹 ①

邹俊杰 著

山西出版传媒集团　书海出版社

图书在版编目（CIP）数据

化繁为简学围棋. 小目低挂二间低夹. 1 / 邹俊杰著
. —太原：书海出版社，2023.2
ISBN 978-7-5571-0095-7

Ⅰ. ①化… Ⅱ. ①邹… Ⅲ. ①围棋—基本知识 Ⅳ.
①G891.3

中国版本图书馆CIP数据核字（2022）第245818号

化繁为简学围棋. 小目低挂二间低夹1

著　　者：	邹俊杰
责任编辑：	张　洁
执行编辑：	侯天祥
助理编辑：	韩　硕
复　　审：	冯　昭
终　　审：	梁晋华
装帧设计：	谢　成

出 版 者：	**山西出版传媒集团·书海出版社**
地　　址：	太原市建设南路21号
邮　　编：	030012
发行营销：	0351-4922220　4955996　4956039　4922127（传真）
天猫官网：	https://sxrmcbs.tmall.com　电话：0351-4922159
E－mail：	sxskcb@163.com　发行部
	sxskcb@126.com　总编室
网　　址：	www.sxskcb.com

经 销 者：	**山西出版传媒集团·书海出版社**
承 印 厂：	山西出版传媒集团·山西人民印刷有限责任公司

开　　本：	787mm×1092mm　1/32
印　　张：	4.25
字　　数：	100千字
版　　次：	2023年2月　第1版
印　　次：	2023年2月　第1次印刷
书　　号：	ISBN 978-7-5571-0095-7
定　　价：	16.00元

如有印装质量问题请与本社联系调换

前　言

哈喽，大家好，我是邹俊杰。熟悉我的朋友们应该知道，我之前写过一套围棋系列书籍叫做《变与不变》。这一晃，都快十年了，无论怎样"变与不变"，围棋终究是变了。AI 的出现，给围棋技术带来了革命性的变化，很多下法被淘汰，同时，也有了很多创新的下法。怎么说呢？

AI 的出现，让我们所有的围棋人，都重新开始学习围棋。这次，我就是来和大家分享我的学习笔记的。

我们都知道，AI 具备着超强大的算力。因此，AI 的很多招法背后的逻辑是难以理解的。并且，它是机器，只告诉你胜率，一个冰冷的数据。它没法告诉你它的逻辑推理过程、它的思考方式，您只能自己去揣摩。它也没有情感，不知道人类擅长掌握什么局面，棋手之间的风格差异和个人喜好。所以，即使是顶尖的职业选手用AI学习，AI也不能教授他们如何控制局面，将局面简化并把优势保持到终点。因为，AI只会告诉你：胜率！胜率！胜率！

对不起，这个胜率是AI眼中的胜率，不是你眼中的胜率！就像乔丹告诉你，他可以在罚球线起跳，并且在空中滑行的过程中，抽空想想今晚是吃披萨还是牛排，喝哪个品牌的红酒。然后，再将篮球轻松地灌进篮筐。对不起，你就是原地扣篮也是不太可能的事，更别说罚球线扣篮了。

所以，AI的招法我们是需要简化地学习的。也就是说，化繁为简，放弃一些复杂的下法，找到相对简明又能控制局面的下法，这才是关键！如同健身一样，每个人能力不同，训练力量的强度则不同。咱们必须找到适合自己的下法，这才是最重要的！毕竟，围棋需要咱们自己去下，你不能总拿着AI的胜率去指点江山。如果靠嘴下棋可以赢棋，我想我也可以和乔丹较量一下篮球啦。

好啦！讲了这么多废话，我写这套书的目的是什么呢？我就是想让大家轻松地学习AI的招法。

无论是开局定式还是实战常型，我都想把我对AI下法的理解，配合全局的思考，以及我个人对局面的喜好呈现给大家，让大家能更好地理解和掌握一些流行的下法。

我们都知道，围棋始终是计算的游戏。提高计算力最好的方式就是做死活题。但当你有了一定的计算基础，掌握一些流行定式和实战常型的下法就是如虎添翼，会让你的实战能力得到极大的提高！

而光看AI的胜率是很枯燥的，它没有情感。人类的柴米油盐酱醋茶、琴棋书画诗酒花，AI完全不懂！并且，围棋中很多非常复杂的战斗，即使有AI辅助，人类依然很难搞明白。

所以，我就想，咱能不能化繁为简，让大家轻松学AI呢？

我想试试看！希望这次出版的系列作品，能给大家带来精神的愉悦和棋力的提高。如果一不小心，能帮助您多赢几盘棋，升个段啥的，我就非常愉快啦！

图一

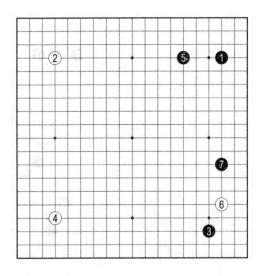

　　本册我们来讲讲"小目低挂二间低夹"的变化。图一是很常见的开局。黑7二间低夹是AI时代来临时，比较流行的下法。柯洁最近也经常使用这样的开局。就局部定式来说，有很复杂、激烈的下法，但也有相对简明的定型处理。因此，我会先挑简明、易于掌握的变化讲起。太复杂的变化对于大多数学员来说都是不太友好的。所以，请相信我！我不是来燃烧大家的卡路里，我是来和大家交朋友的。

图二

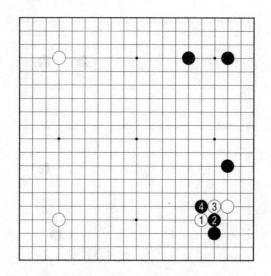

　　白1飞压，黑棋立即冲断是局部最复杂的
变化，卡路里瞬间开始燃烧了。

　　本册我们不讲这么烧脑的变化。喜欢烧脑
的朋友，可以看之后的系列书籍，我会在之后
的系列专题里对此变化进行详细的讲解。

　　我们这册的内容，主要是给大家分享一个
小秘密。

　　白棋如何简明地破解黑棋的二间低夹！

本册要讲的变化

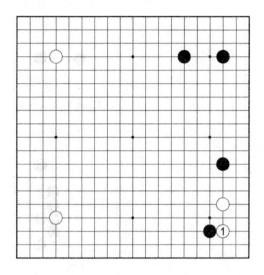

　　先做个剧透！本册要讲的主要内容为图中的变化。同学们千万不要以为已经掌握了，我保证这里有很多你想象不到的变化，并且一定会在对局中给你提供很大的帮助！

图三

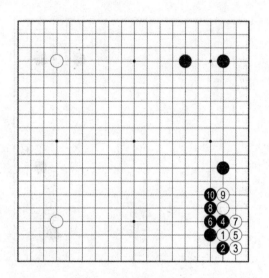

先来看看白棋1、3托扳的下法。

肯定有些同学会说，老师啊，我才不会下托扳呢，高手都很少这样下！是的，很少看见高手开局这样下。但你不下，对手如果执白这样胡闹呢？你得防着对手这样下啊！

一般来说，在黑棋周边子力比较多，白棋处于弱势的时候，才会考虑图中就地做活的下法。而现在，局面开阔，黑棋简单地处理，将白棋封锁之后，黑棋周边的子力配置不错，白棋活得较为委屈。

图四

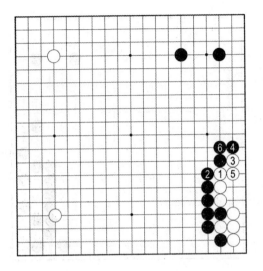

接下来，白棋如果1位顶，则是大俗手。

几手交换，让黑棋外围变得更厚了，白棋大亏。

图五

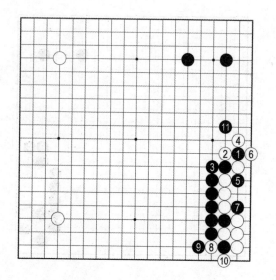

　　白2如果打吃出去，黑棋可先手吃住白棋
三颗子，白8需要角上做活，黑可于11位继续
攻击白棋外围，白棋大失败。

图六

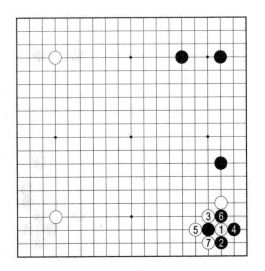

白1、3托虎如何呢?

图中的变化,我看过很多学生这么下过。

注意!白棋的下法是亏损的!

很早以前的定式大全里,有这样进行的定式。

但那已经是被淘汰的定式了!

白7打吃之后,黑棋会怎样定型呢?

请继续往下看。

图七

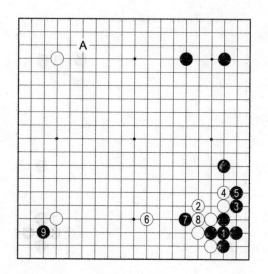

初棋无劫，黑1粘住才是正解。

白2补断，黑棋老实虎过即可。

白6大致需要拆边，黑7点刺是先手权利（黑也可以不刺，保留变化）。

接下来，黑可9位点三三，也可于A位上方挂角，抢占大场。

总之，右下角的定型，白棋是亏损的。

图八

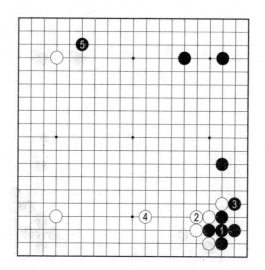

白2如粘，与上图作比较，大同小异，白棋依然不利。

如果做细致的比较，白棋有可能还不如上图的定型。

因为……

图九

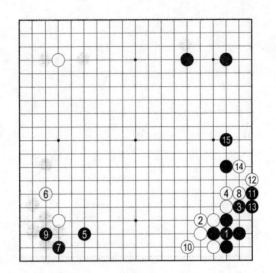

白2粘之后，白4长未必是先手。

黑棋脱先也是不错的步调快速的下法。

白8拐下，黑棋可继续脱先。今后，白10虎是先手。不过，黑棋11扳是效果更好的做活手段。

白14补断，黑15跳，白棋速度太慢，不能满意。

图十

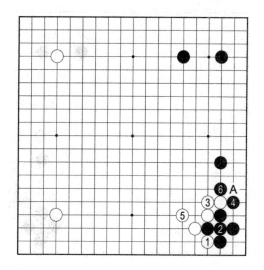

白3粘这里呢？

黑4简单虎过即可。白5如A位扳，黑6断，白自身气太紧，不能成立。

局部大致就是白5和黑6的交换。

至黑6，是黑棋有利的定型。

图十一

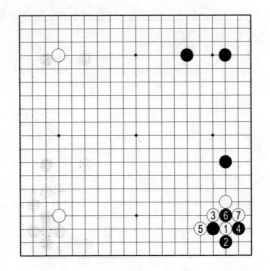

回头看看，我们之前讲到的是，白棋1、3托、虎之后，5位反打的变化。那么，白棋从7位打吃，会形成怎样的定型呢？

图十二

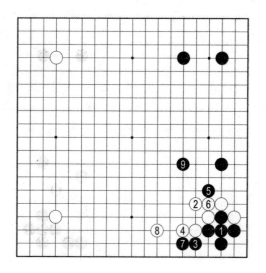

黑1还是要粘。

白2虎，补断。黑3、5先手交换之后，黑7二路爬是重要的一手！

至黑9，是黑棋不错的定型。

图十三

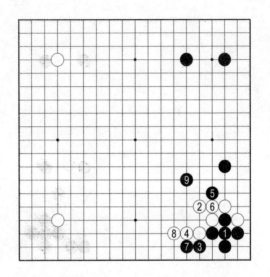

白8长，也大同小异。

黑棋也可以9位飞，相较于上图，黑9的位置给白棋下方的压迫更大，更积极。

无论是图十二还是图十三，都是黑棋有利的结果。

图十四

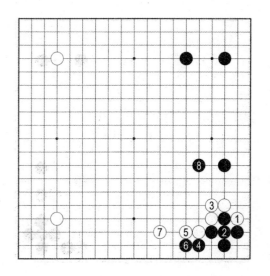

　　白3粘上，黑棋就二路虎，黑6多爬一下
很重要，加强角上的眼位，避免被白棋角上搜
刮。黑8跳起是全局的好点！扩张上方的阵势，
又瞄着白棋下边的薄味。

　　如此，也是黑棋好调。

图十五

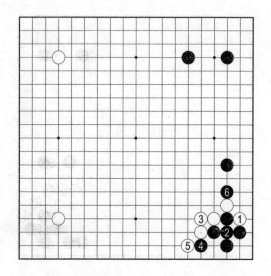

白3粘在这里，是较为复杂的变化。

永远不要低估对手的顽强！

黑棋该如何破解呢？

黑4虎，先交换一下，总不会亏。

黑6夹，是局部的好手段。

图十六

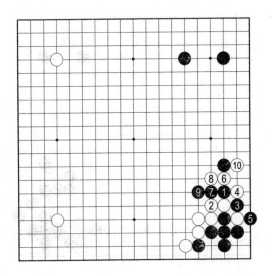

黑棋夹的时候，白棋无非是上粘或者下粘两种应法。先来看看，白2上粘的变化。

黑3吃掉一子，要求联络，白棋断然不肯，白6愤而打出，至白10，形成了复杂的局面。

是不是开始有些头疼呢？加油！保持集中力！围棋水平想提高，咱们得有钻研的劲头！

图十七

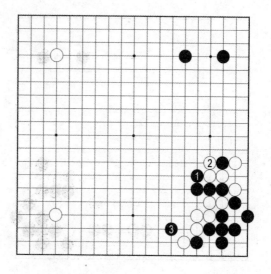

黑1拐是绝对先手。

黑3是漂亮的手段！

同学们，要抓住这类局部的棋形要点！

图十八

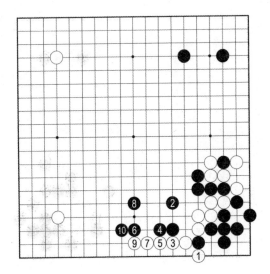

注意！白1位打吃是肯定抢不到的！

黑2跳，至黑10，把白棋全部压制在二路，白棋活得苦不堪言。

也许有同学会问，黑棋不能强杀白棋吗？

有种传说中的兵法叫做"不战屈人"，大家一定听说过。

对手都已经跪地求饶了，何必再打打杀杀呢？

得饶人处且饶人吧！

图十九

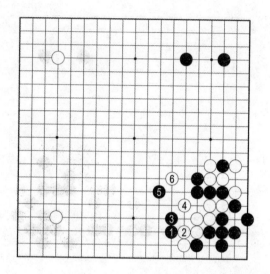

回头看看，黑1点的时候，白棋2位粘住会如何？

黑3长，强硬！黑5笼罩住白棋。该强硬的时候，我们是不要手软的！

白6能飞出吗？同学们，先算一算，再往下看。

图二十

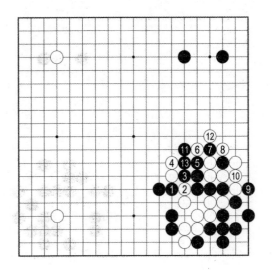

黑棋可以1位冲断，黑5可以突围出去。

注意黑7、9的次序。

黑棋如果早早在9位一路打吃，黑7就不是先手，中央黑棋就跑不出去了。

图二十一

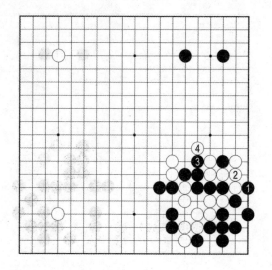

黑1打吃图一时之畅快。

但畅快完之后，对手就特别的畅快了。

所以，次序和时机是非常重要的。

围棋是次序的艺术。

图二十二

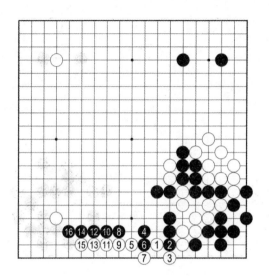

回到图二十。黑棋上边跑出去了，白棋下边就危险了。

白5以下使出"地躺拳十八式"，招式固然"犀利"，但即使活了，棋也输飞了。

至黑16，白棋还需要二路一直爬，才能活。

我已经没有替白棋继续下下去的勇气了。

图二十三

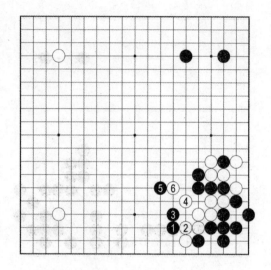

回到之前的变化。白棋飞是飞不出去的。

那我们来看看，白棋6位尖，能不能突围？

脑子发晕的同学们，先去洗把脸吧。

还没晕的同学们，那很好，说明你计算力还不错哦。

那就继续迎接接下来的挑战吧。

图二十四

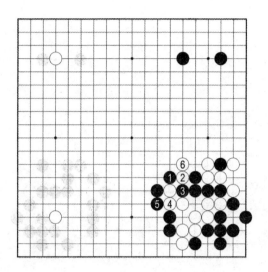

黑1扳住是最强手。

白2挖的时候，要小心。

黑3中计。

至白6，黑棋掉坑里了。

图二十五

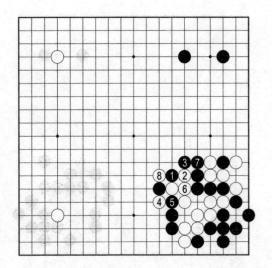

黑3从外面打吃，才是正确的方向。

白4是局部的好手段。

黑5恶手！

白6粘之后，黑棋已无法兼顾棋形的缺陷。

至白8，黑棋又掉坑里了。

图二十六

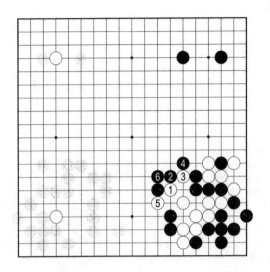

　　对付白3、5的陷阱，黑4、6才是正确的
应手。

　　人生不易，下围棋更是不易，需要躲避各
种深浅不同的坑！

图二十七

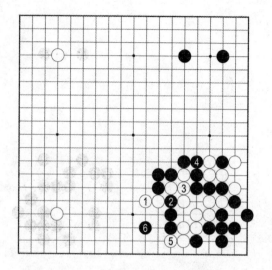

接上图，看看白棋1位长出会如何。

黑2打断白棋之后，注意观察白棋的气！

白棋气少得可怜，只能5位拐，抵抗。

黑6跳出，白棋苦不堪言。

图二十八

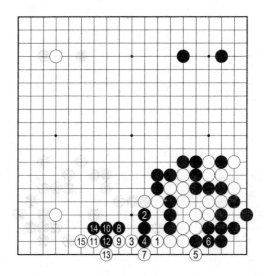

白1以下使出"地躺拳十八式"终极奥义！

至白15，白棋还有尊严吗？

黑棋已经优势大到不会下了。

图二十九

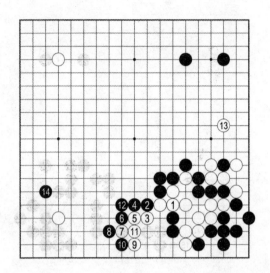

　　回到图二十六，白棋1位粘，才是正确的应手。

　　黑2以下将白棋包住，简明定型，黑棋就不错。

　　白13与黑14是见合的好点。

图三十

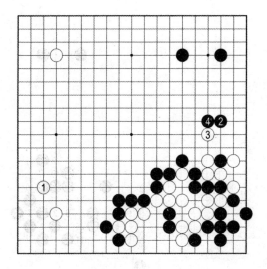

　　白棋如果1位守角，黑棋就抢攻右边。

　　黑4贴起，进攻白棋的同时，巩固住上边的实地。

　　此局面，依然是黑棋不错。

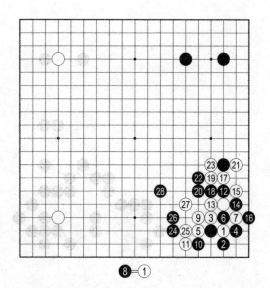

先清醒一下脑子！

来看看，我们之前讲的变化究竟是怎样进行的！

白7、9打吃后粘住让棋局变得复杂。

黑10先交换一下，黑12是局部的好手段。

白13上粘，17打出来之后，黑24点是犀利的手段。

白25粘住，被黑28笼罩是我们之前讲的变化。结论是白棋苦战。

图三十二

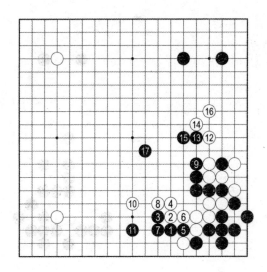

看来黑1点的时候，白棋只好2位靠出。

黑3以下简明定型即可。

至黑17，中央黑、白两块形成对跑之势，谁也攻不到谁。

而黑棋下方的实地丰厚，全局是黑棋好调。

图三十三

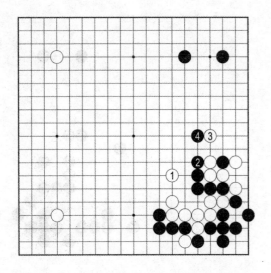

上图中白8如果从1位跳，也拿不住黑棋。
至黑4，白棋还不如上图的变化。

图三十四

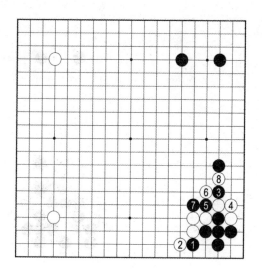

黑3夹，是局部的好手。

我们之前讲过白棋上粘不行，来看看白4下面粘，如何？

白8打吃之后，黑棋该如何进攻白棋呢？

图三十五

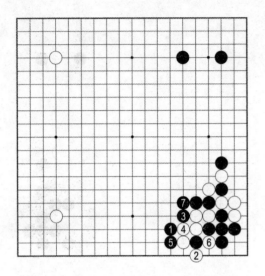

黑1点，华丽的一手！

同学们，想到这步棋了吗？

恭喜你！掌握到了此局部的奥义啦！

白2打吃是抢不到的。

黑3外面打，白棋要崩溃啦！

图三十六

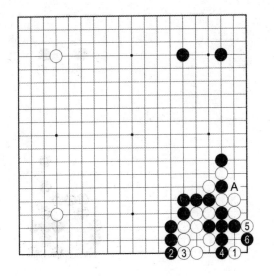

来看看角部杀气的情况。

白棋 A 位有气紧的弱点，至黑 6，白棋气不够。

图三十七

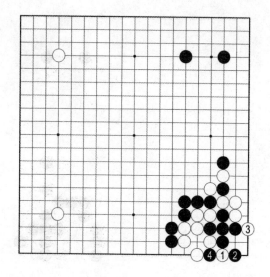

白1扳，才是局部杀气的正解。

局部形成打劫。

可惜，白棋没有劫材。

图三十八

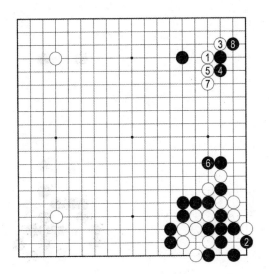

白1角上寻劫，黑棋2位打吃，先把右下角吃住。

白3扳的时候，黑4交换一手很重要，如此，上方白棋就吃不住黑棋了。

黑6长是极大的一手。

至黑8，白棋右下角损失惨重，右上角又拿不住黑棋，白棋明显失败。

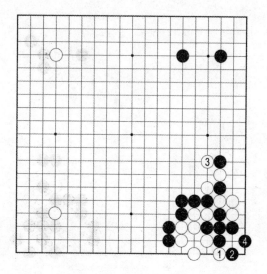

白3不开劫，外面补棋，黑4位做眼，即可净杀白角。

白棋还是吃亏。

图四十

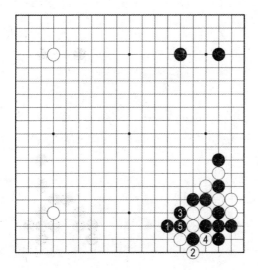

黑1点，这步棋一定要牢牢掌握！

白4如果提，黑5打吃，局部又要杀气啦！

同学们，可以先算一算，再往下看答案哦！

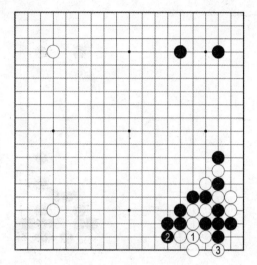

白3扳，似乎要打劫啦!

真的是打劫吗?

呃……

打劫需要理由吗?

不需要吗?

需要吗?

图四十二

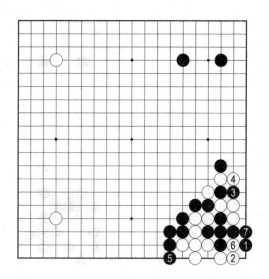

对不起，你猜中了开头，可是猜错了结局。

黑1尖，是局部的好棋。

白2需要阻止黑棋做活，

黑3先送死，撞紧白棋的气，是杀棋的好次序。

至黑5，白棋不入气，局部被净杀。

图四十三

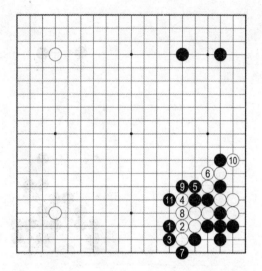

白一路打吃不到，白2直接粘如何？

黑3夹，紧住白棋的气。

白4硬着头皮往外跑。黑7打吃，先手获得联络，心情太愉快了。

黑9拐的时候，白棋左右已难以兼顾。

至黑11，白棋明显大亏。

图四十四

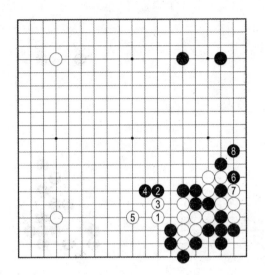

白1跳，跑出呢？

同学们肯定经历过，那种每颗棋子都要救的、"铁公鸡"般一毛不拔的难缠对手。

好的，邹老师教你如何拔"铁鸡毛"！

黑2、4先把中央走厚，再6位扳，攻击白棋。

至黑8，白棋两块棋不活，关键是白棋没获得什么目数。

同学们都知道，先捞后洗，是围棋战术之一。但我从未听过"不捞干洗"这种战术！

图四十五

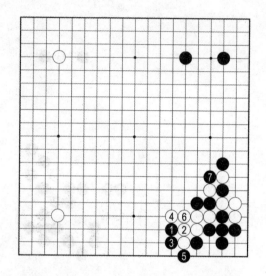

回头看看，白4从这边虎，会如何呢？

黑5是愉快的先手。接下来，黑棋的下法就很多了。

黑7打吃，是我向大家推荐的简明下法。

图四十六

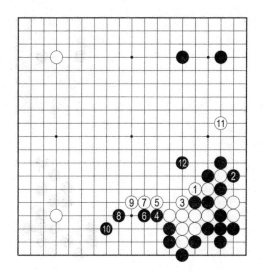

白1跑，黑2提，即可。

白3提两子，黑棋提一子，白棋反倒吃亏了。

围棋就是这么奇妙。很多时候，不是谁提的子多，谁就更占便宜的。

这就好像白棋拿了2张10元面值的钞票，而黑棋拿到了1张100元面值的钞票，白棋钞票数量上是取胜的，可惜质量太差了。

至黑12，从全局来看，黑棋无论是目数还是厚薄都是更占优的一方。

图四十七

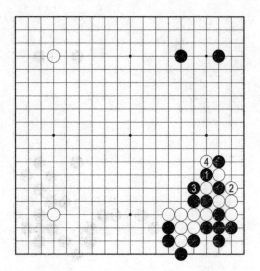

白2提下边呢？

"铁公鸡"又来啦！

黑3封住白棋，白4打劫！

"铁公鸡"的特点就是特别顽强！

图四十八

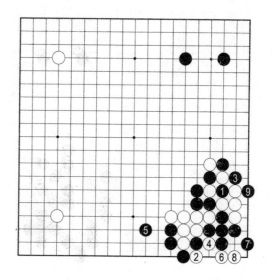

白2不是劫材！

黑3消劫之后，黑5可跳出，继续进攻白棋。

黑7是值得学习的手段，局部白棋不入气，被净杀。

"铁公鸡"又进入了"不捞干洗"的状态。

图四十九

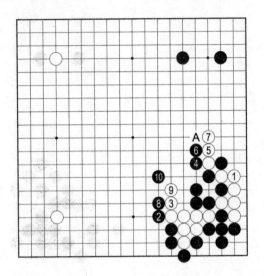

白 1 粘上呢？

永远不要低估"铁公鸡"的顽强！

同学们一定经历过，优势极大的棋，被对手翻盘的情况！

所以，战略上我们要藐视"铁公鸡"的顽强，战术上我们还是要谨慎对待。

黑 2 以下，次序井然，至黑 10，黑棋之后 A 位压，也有先手味道，白棋已经跑不出去了。

唯有全部吃掉，才是对"铁公鸡"最大的尊重！

图五十

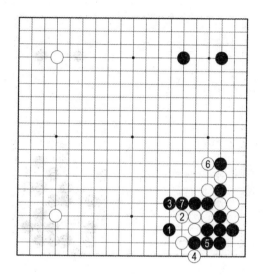

回头来看看，白2弯出如何？

黑3跳枷，漂亮的手段！

这就是传说中的虚枷！

虚虚实实，虚中有实！

白棋已经死了！

意不意外？

开不开心？

图五十一

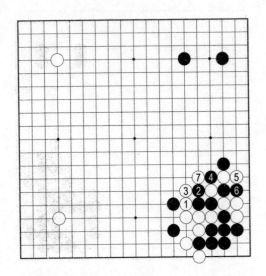

　　白1从这边冲，黑2拐吃，白如4位应，黑
3位挡，白棋气不够。

　　白3只好冲出，弃掉右边。

　　白5立的时候，黑6冲，真是让人遗憾的
一手！

　　愧对了之前的虚枷啊！

　　白7叫吃，黑棋三子棋筋被吃通了。

　　所以，再华丽的招式也需要内功心法！

　　围棋的计算力是非常重要的！

图五十二

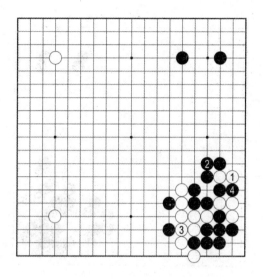

白1立的时候，黑2粘才是正确的手段。

白3补自身的断点。

黑4补棋也是重要的一手！这里被白棋走到，角里要出棋的！

至黑4，黑棋角上实地丰厚，而白棋外围还有被攻击的嫌疑，黑棋明显有利！

图五十三

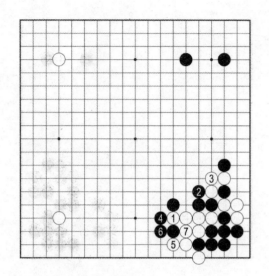

白1从这边冲呢？

总有一些"愣头青"就是各种的不服！

白5延气是白棋唯一的抵抗。

白7粘上之后，黑棋该怎么处理呢？

同学们，请算一算，不要被"愣头青"翻盘了哦！

图五十四

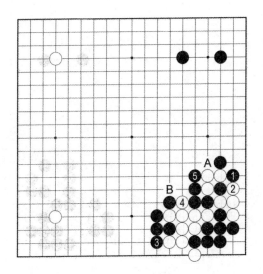

黑1扳是局部比较简明的处理。

白2如跟着应，黑3拐下，

黑5压的时候，白棋A、B两点已无法兼顾。

白棋崩溃。

图五十五

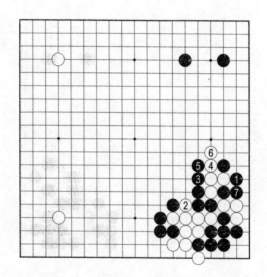

　　白2逃下边，黑3、5先手交换一下，再黑7吃通三子棋筋，白棋也是大亏。

　　局部黑1扳，是最简明的手段。

　　所以，对付胡搅蛮缠的对手，我们要以德服人！

　　对手总有一天，会被你感化的。

　　不过，我们得先拥有感化对手的能力。

　　这种能力，在围棋上叫做计算力！

图五十六

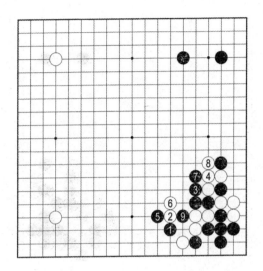

　　黑1点的时候，白棋还有2位靠出的选择。

　　对付"愣头青"，我们就要用实力来专治各种不服！

　　黑3打吃是绝对先手，之后黑5扳是棋形的要点，

　　白棋的气很紧，棋形很恶劣。

　　白6长，黑7先压是简明的处理。

　　白8跑上边，黑9挖，白棋要崩溃了。

图五十七

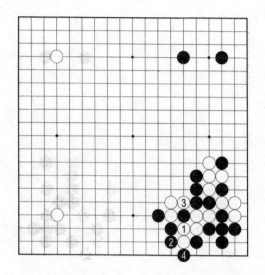

接下来，白1粘的时候，黑2打吃是巧妙的手段。

白3提，同学们或许有疑问，白棋不是跑出去了吗？

别着急！

围棋中还有一种传说中的战术，叫做"养大吃肥"！

图五十八

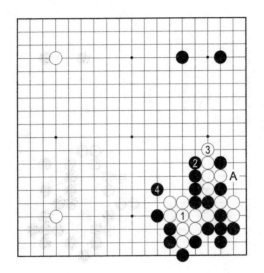

　　白1粘，黑2压是先手，黑4枷，白棋就已经死了。

　　白3如果不应而于4位尖出，黑棋A位打吃，白棋也受不了。

图五十九

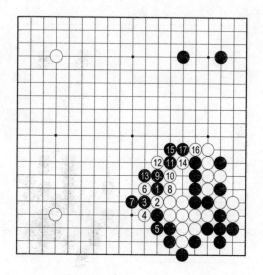

白 2 执意要跑。

　　一通难以描述的操作之后，白棋终于彻底的死心了。

图六十

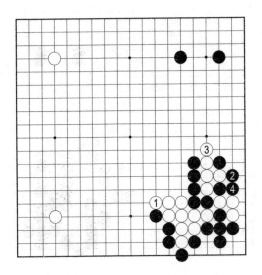

白棋如果在1位跑，黑2兜打严厉！

至此，白棋的人生过于酸爽了！

图六十一

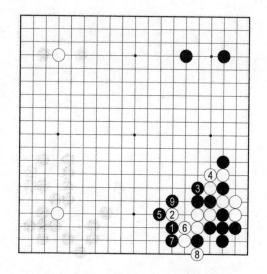

白6如果粘这里，黑7夹是紧凑的好棋。

白8打吃不到。黑9封住外围，角里对杀，白棋不利。

图六十二

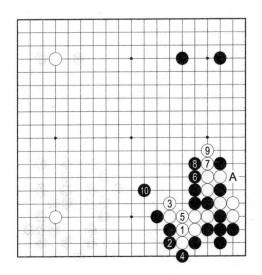

白3往外面跑，黑4先手打吃很愉快。

接下来，黑6、8连压是对白棋的致命打击。

白9必须长，否则，黑棋有让白棋极为酸爽的A位二路兜打(之前讲到过)。

黑10飞，是局部的好手。白棋气太紧，已经跑不出去了。

图六十三

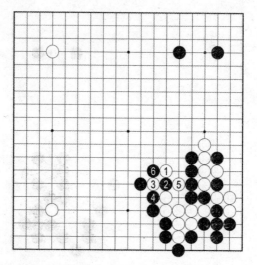

白1跳出是唯一的抵抗。

黑2挖，局部手筋。

至黑6，局部形成打劫，

但白棋全局没有劫材，已陷入困境。

图六十四

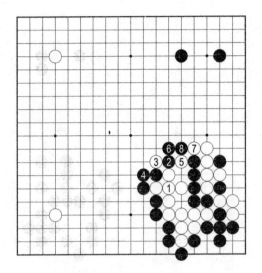

白1粘，完全是大礼包赠送。

至黑8，白棋全部阵亡。

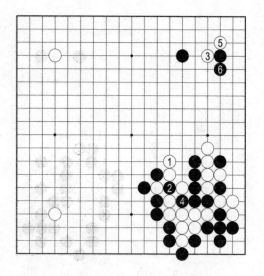

白棋只好1位长，局部形成打劫。

至黑6，全局是黑棋大优。

图六十六

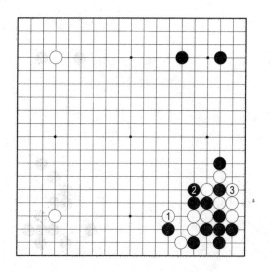

回到之前图六十一的进行。

黑2打吃的时候，白3在底下提，黑棋如何简明处理？

图六十七

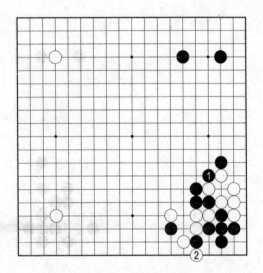

黑1打吃是第一感，但白2打吃之后，黑棋角上也没有活，局面就变复杂了。所以，下棋别冲动，冲动是魔鬼。

图六十八

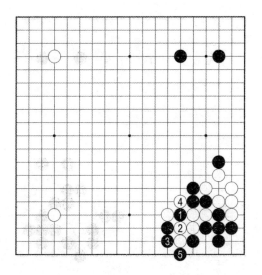

黑1挖吃，才是此时最简明的选择。

黑3打吃，白棋只能提，黑棋5位打吃，先手连回。

而白棋被打成一个大饼，棋形很难看。

图六十九

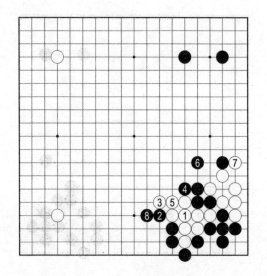

接下来，黑2扳是棋形的要点。

白3虎，黑4拐打，心情愉快。

黑6简明地跳一个即可。

至黑8，黑棋实地比白棋多，厚薄上白棋也不占优，黑棋明显好下。

图七十

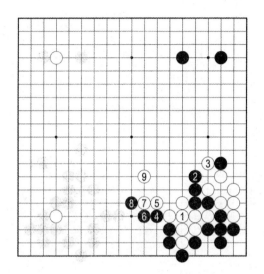

黑2长，次序就有些不讲究啦。

黑2与白3交换之后，与上图作比较，右边的头，被白3扳了出来，黑棋明显不如上图。

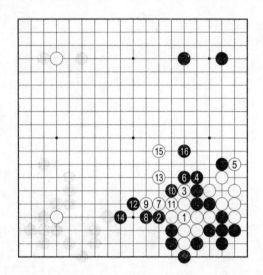

所以，黑2扳这里的棋形感觉，我们需要好好品一品。

白3从这边贴打，也很难受。白5得做活。以下，黑14、16已经是下得很温柔了。就算如此，黑棋优势也非常明显。

图七十二

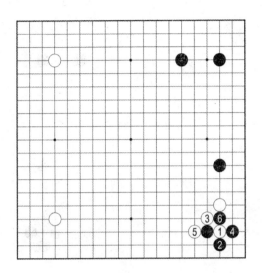

同学们，先醒醒脑！

我们之前讲的是白棋1、3托虎之后，白5反打的变化。

结论是，白5反打是明显吃亏的下法！

白吃亏！白吃亏！白吃亏！

重要的事情得说三遍！

没明白局部逻辑和变化的同学，请从这里直接跳回到书中首页重新复习。

搞明白的同学，咱们继续往下讲！

接下来，白棋要放大招啦！

图七十三

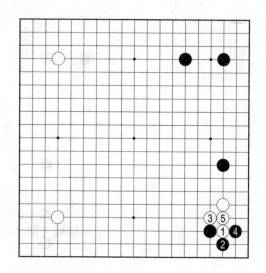

白5粘就是我要说的大招！

呃……

确定是大招？不是滑标？白棋下出个愚形"草帽四"，确定脑子没进水？

如果没有AI，白5这步棋我是无论如何都想不到的。

小时候要下出这种棋，我的教练会罚我去操场跑个10圈清醒一下脑子！

AI时代的来临，无论是职业棋手还是业余棋手，我们都需要重新开始学习围棋。

图七十四

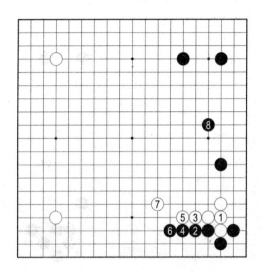

这是大招吗？邹老师您在逗我吧？

下棋和生活中找工作差不多。

我们找工作一般情况就图两点。

一图前途，二图钱途，总之不能啥也不图。

至黑8，白棋到底图了些啥？

呃……

不是我的问题，是白3的锅，我可不背！

图七十五

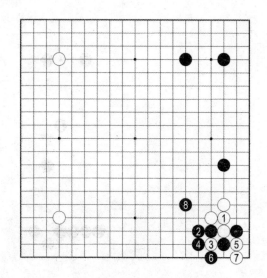

白3断，才是关键的一手。

至黑8，是局部双方简明的下法。

关于这个定型，我个人先表个态，我喜欢黑棋。

理由：我是"外貌协会"的代表。我认为黑棋的棋形更舒展，棋形好看。

这观点是不是有点太感性啦？

那看看理性的观点。

AI给出的胜率是非常接近的。也就是说，从胜率上看，此图是双方都可接受的定型。

图七十六

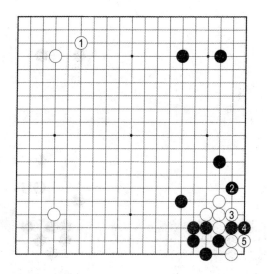

讲讲后续手段。

今后，黑2二路飞，搜刮白棋。

白3打吃才是正解。

局部是净活。

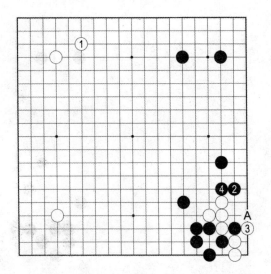

白打吃一路就太草率了。

黑4贴起之后，请注意！

白棋角上没有活！

黑棋有A位打吃，杀棋的手段。

因此，白3是恶手！

图七十八

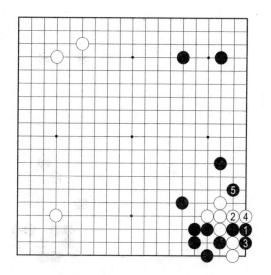

黑1先在角上送死，非常狡猾！

白2、4跟着黑棋应，中计。

黑5飞之后，白棋局部没活，还得往外奔命，白棋苦战。

图七十九

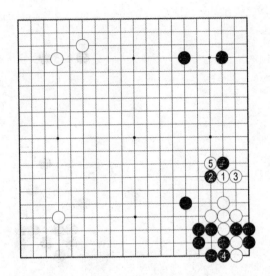

白1碰，才是高明的手段。

白3立下之后，外面的断点和角上的吃棋见合了。

至白5，黑棋角上获利有限，黑棋不便宜。

图八十

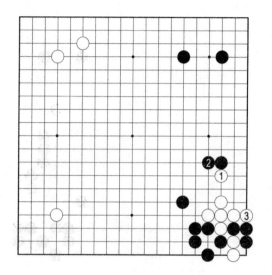

　　黑2长，白棋交换到之后，再3位吃角，白棋局部就已经活干净了。

　　白1碰的思路值得同学们好好体会。

　　"有吃先吃"和"有吃不吃"是完全不同的两种境界。

图八十一

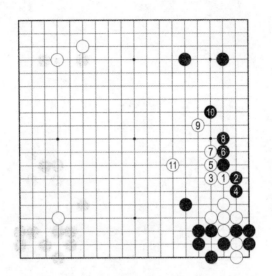

黑2扳，白3上长，选择正确！

至白11，白棋出头顺畅，中腹还隐隐形成潜力。

白棋已无死活之忧，角上的吃子就是一个单纯的官子问题，对双方来说，都已不太紧要。

而黑棋通过以下的定型，边上也增加了不少目数。

因此，此图的进行，我认为是双方都可接受的。

图八十二

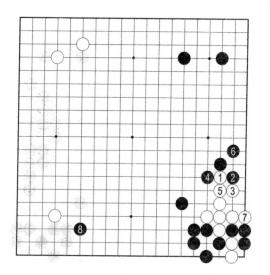

白3位虎，缺乏追求了。

至白7，白棋虽然活了，但外围让黑棋变厚，白棋不满意。

外面有诗和远方，何必要盯着眼前的苟且。

图八十三

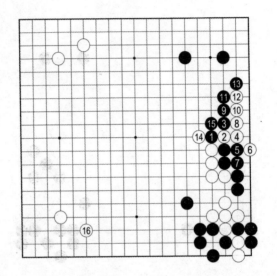

白压的时候，黑1扳起来会如何？

看起来似乎挺复杂。但如果咱们心态好一些，就没那么纠结了。

白棋弃子就可以啦。

反正边上本来就是黑棋的空，白棋弃子之后，争到先手即可。

今后，白棋可利用几颗死子的余味，在黑棋右上角占一些便宜。

至白16，是白棋不错的定型。因此，黑1扳起，不如选择图八十一的定型。

图八十四

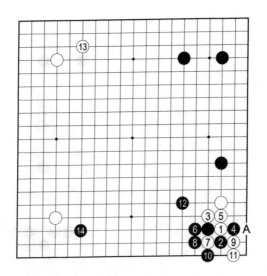

　　我个人认为，黑棋右下角A位的手段，保留比较好。

　　14位挂角，先占大场，右下角今后根据情况，伺机而动。

　　如此进行，是双方都可接受的定型。

　　而我个人来说，之前我表过态了，我喜欢黑棋。

图八十五

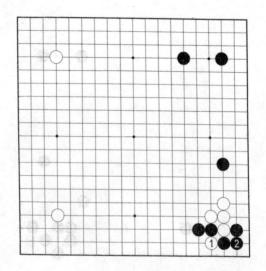

白1断的时候，黑2粘，也是一种选择。

黑不肯妥协，局部就变得复杂了起来。

下围棋和生活是相通的。

你不犯人，不代表人不犯你。

李世石都说，自己其实不喜欢战斗，但对手老是惹我，我是没办法才战斗的。好吧！我信你个邪！

毕竟，古往今来，逢大战之前，必先要喊个口号，才能证明自己是正义之师啊！

图八十六

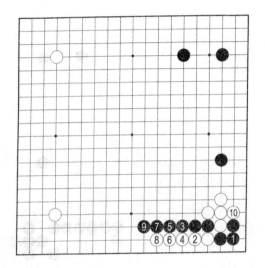

白2爬出必然。

黑3长是局部的一种选择。

接下来，至白10几乎是双方必然的进行。

黑外围的气很紧，之前黑5、7、9任何时候二路扳下都是不能成立的。

至白10，黑角被吃，但黑棋并不是不能下。

是不是很意外？

图八十七

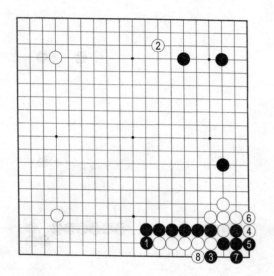

黑1拐，不好。

白棋可以脱先抢大场。

黑3扳，角上有些棋。

至白8，角上是一个白棋有利的缓气劫，白棋暂时不怕。

此图，黑速度慢了，黑棋不利。

图八十八

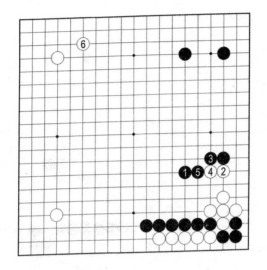

黑1封锁白棋是可以考虑的一手。

白2、4先将自己做活，防止黑棋利用角上三颗死子的气，搜刮白棋。

至白6，右下角的局部来说，个人感觉白棋不错。但黑棋上边的整体配置理想，从全局来看，依然势均力敌。

图八十九

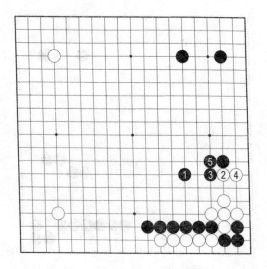

黑3上扳，不便宜。

白4冷静下立即可，黑5还需要补断。

与上图作比较，黑棋二路还漏着风，黑不如上图的定型。

图九十

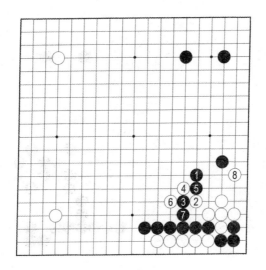

黑棋1位小飞也是一种定型方式。

白2至7先手交换,目的是在做活之前,破坏黑棋外围的形状,制造一些余味。

白8飞很重要,只有做活,白角上才可以避免收气,是极大的一手!

图九十一

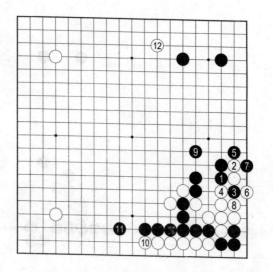

黑9需要补断。白10的交换非常重要！

否则，被黑棋拐到10位，角上还有搜刮，目数差别很大。

至白12，是双方都能接受的定型。

不过，我个人认为白棋更好掌握一些。

图九十二

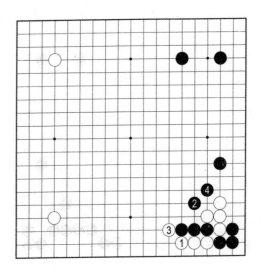

回头看看，白1位爬的时候，黑棋2位跳的变化。

白3扳，只此一手。黑4尖，封锁白棋，对杀会如何呢？

是不是又头疼呢？围棋的头疼之处就在于，你总想不战屈人，可对手总是各种不服。

好吧，我们只能想办法专治各种不服！

图九十三

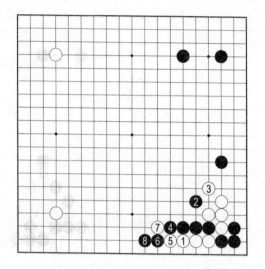

白3不能跟着应了!

至黑8,白棋的气不够,白四颗子被杀。

图九十四

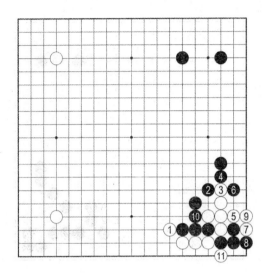

白3爬是先手，以下杀气，正好白棋快一气杀黑。

不过，黑棋弃子争先，仗着右上角极佳的配置，全局形势黑棋并不坏。

这是一个双方都可接受的定型。

意外吧？

图九十五

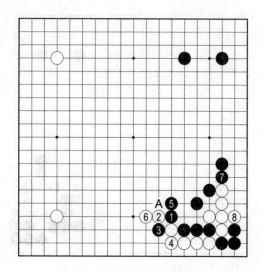

　　黑1扳，白2可连扳，黑棋几手交换并不便宜。

　　白6甚至还有直接A位压的凶狠下法。

　　因此，黑1扳不好。黑棋还是应该选择上图的下法。

可选择图一 可选择图二

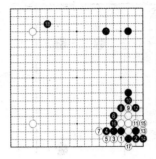 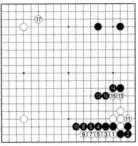

捋一捋思路。我们之前讲的是，当白1断的时候，黑2如果粘角里，黑棋可以选择两种定型方式。图中的两个变化，都是黑棋取势，白棋取地，双方都可接受的定型。

邹老师！我两种定型都不喜欢！我要更刺激的！

什么！呃……

好吧！是你逼我出绝招的！！！

图九十六

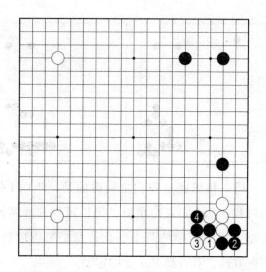

既然你这么贪心，我就把这套"七伤拳"传授于你！

但我郑重提醒一下，"七伤拳"练不好，会伤到自己的。

练习需谨慎，后果自负！

来看看黑4拐的变化吧！

图九十七

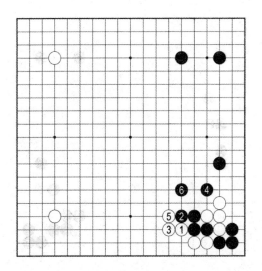

白1扳起是一种选择，我个人不喜欢。

可我不喜欢，不代表大家不喜欢。

还是讲讲吧。毕竟，作为老师，我得负责。

黑4的时候，白5不可取。

黑6跳，棋形完整，白棋危险。

图九十八

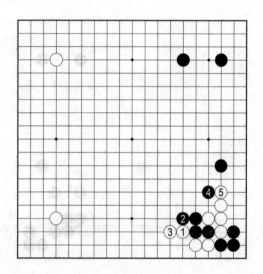

白5爬，才是最强抵抗。

黑棋要小心！黑棋的外围气紧！

围棋高手都会有一种本能的嗅觉，能瞬间感觉到危险。当然，我没有说，成为围棋高手先要训练鼻子。但你不可否认，阿法狗的鼻子确实比人类要灵敏。

开个玩笑！这里指的嗅觉，是指围棋高手对气的敏锐度。

一旦棋形气紧，高手们就能感觉到杀气、危险，肾上腺素马上会迅速提升！

图九十九

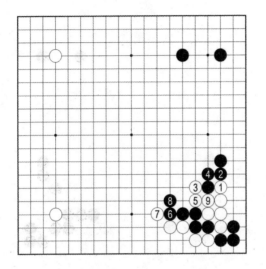

黑2就是典型的反应迟钝。

白3夹，绝妙的手段。

黑棋的气太紧，只能眼睁睁地看着白棋突围出去。

图一百

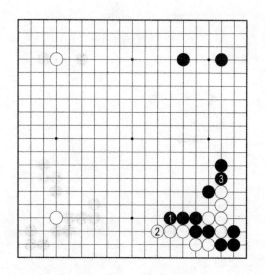

黑1压，才是正解。

黑棋如果交换到，再3位顶住，白棋就被封进去了。

当然，对手绝不会这么听话的。

图一百零一

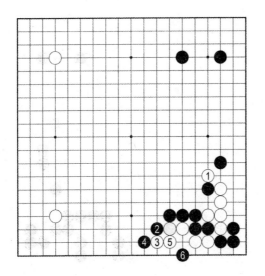

白1反击如何？

黑2、3连扳是常用手段。

白5粘，企图做活。

黑6点，灭眼。

抱歉了，白兄，今天我要黑了你。

图一百零二

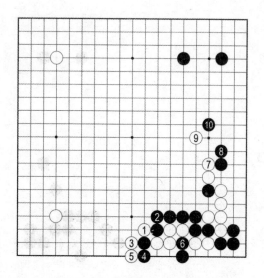

白棋做不活，只能1位吃出去。

黑4立，大家品一品。

多送一子的好处，是让白棋这块棋存在不活的因素。

黑6是经典的金鸡独立。

黑棋吃通之后，白棋需要处理右边的棋。

白棋一边逃跑，一边送空，黑棋没有不满意的道理。

图一百零三

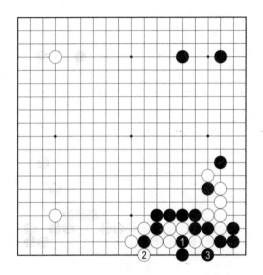

黑1直接断吃，太着急了。

这一带的手法，一下就降低了自身的品位。

白2提，先手，白整块棋就活干净了。

和上图作比较，白棋厚薄的差异，应该不用我多说了吧。

图一百零四

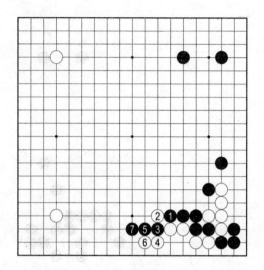

之前的变化是白棋不利。

但白棋不会轻易地束手就擒。

白2扳是局部最顽强的抵抗。

黑3断，必然。

双方已骑虎难下。

至黑7，是不是又晕啦？

没事，有我在呢！

我专治各种头晕。

只要有耐心，再复杂的绳结，都能一点点
地解开的。

图一百零五

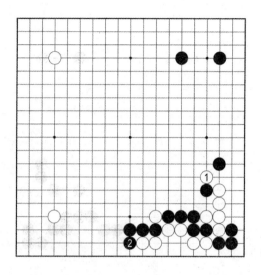

首先，确定一点，白1是不能脱先的。

黑2拐下，白棋的气是不够的。

黑棋角上有5口气，大家可以自行摆一摆，局部的计算并不太难。

这一层解开之后，头绪就会清楚很多啦。

图一百零六

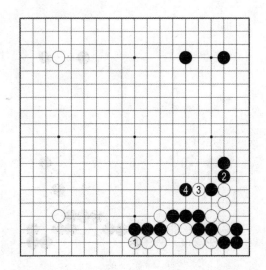

因此，白1爬是必然的一手。

黑2顶住是为了紧住白棋的气。

角上要对杀，外围的每一口气都很关键！

白3夹，是之前提到过的手段。

但现在外围子力不同，黑4有反夹的好棋，白棋现在出不去了。

请品一品黑4夹！掌握了这步手筋，你围棋上的气质会大幅提升！

图一百零七

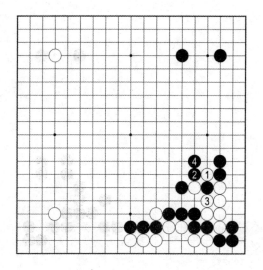

白1只好接受现实。

黑4长，将白棋封在里面。

白棋现在需要杀角上黑棋，方可自保。

图一百零八

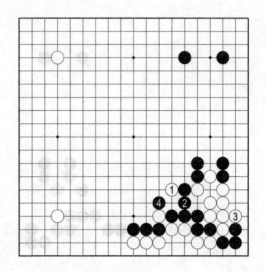

白1先手便宜一下是为了给自己找回一些面子。

至黑4，黑棋明显优势。

什么？

黑棋角都死了，居然是优势？

对啊！围棋又不是吃子的游戏，围棋是比谁空多的游戏！

图一百零九

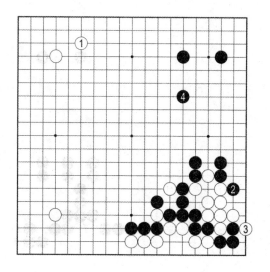

接上图，简单地形势判断一下。

白1守角，也是正常的大场。

黑2是先手权利。

白3之后，角上因为收气的关系，白棋角上的实空也就只有十七八目。

那咱们看看，黑棋上方的阵势，不用我再解释好坏了吧。

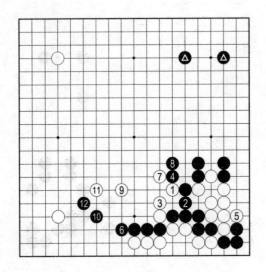

白3先长呢？黑4补断点，很重要！

白5还是要回到角上吃黑棋。

接下来形成战斗。

至黑12，我们可以看到，白棋要想吃住黑棋下边是不太现实的。

此图，尽管战斗有些乱，但依然是黑棋不错的形势。

划重点！白棋始终是没目！没目！没目！

而黑棋右上角的守角与黑棋下边的势力，配合得太完美啦！

图一百一十一

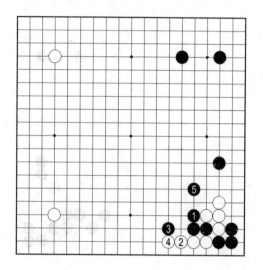

我们之前讲的是，白2于三路扳起的变化。

回头来看看，白2长的变化。

我认为，白2长的选择，要优于三路扳。

黑3跳，挑衅。

白4冷静应对，是正确的选择。

千万不可冲动！

图一百一十二

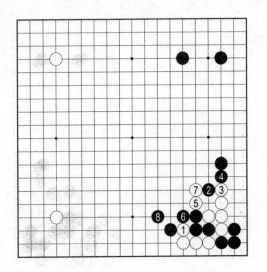

白1冲就中计了。

黑2飞，绝妙的一手。

白棋左右为难。

白5、7跑出上边，下边就被吃了。

至黑8，白棋下边四口气，黑角里是五口气，白棋慢一气。

白棋下边四子还能跑吗？

你认真的吗？

图一百一十三

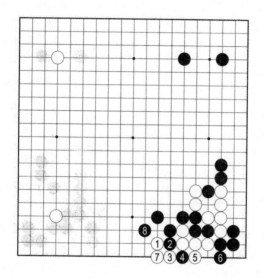

绝大多数的情况下，一、二路都是没有前途的。

奉劝大家，"地躺拳"的使用需慎重再慎重。

至黑8，白棋已不好意思再跑了吧。

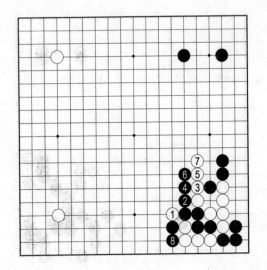

白1打吃这里也不行。

黑2、4、6连压是绝对先手，

黑8挡下，白棋气不够。

图一百一十五

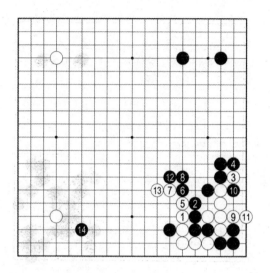

白1直接冲出来如何呢？

白3是局部的好手，做了交换之后，角上对杀白棋快一气杀黑。

但意外的是，白棋吃住了黑棋，全局形势却是黑棋不错。

白棋角上得收气，目数比我们想象中的少。

而黑棋上边的阵势非常壮观。

图一百一十六

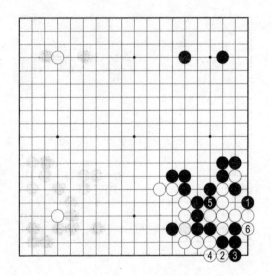

来看一下角上的对杀。

白棋之前做了二路扳的交换，黑棋正好两边不入气，慢一气被杀。

局部的杀气手段，值得我们好好学习。

要知道，计算是硬道理。

我们晓之以理，动之以情，总想以德服人，但遇到围棋土匪咋办呢？最终，还是要拳头硬，力量大，才具备以德服人的基础！

图一百一十七

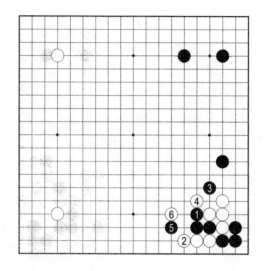

　　黑棋是不能直接3位飞的，否则，白4扳的时候，黑棋即无棋可应。

　　这就是为什么黑3要先5位跳的原因。

图一百一十八

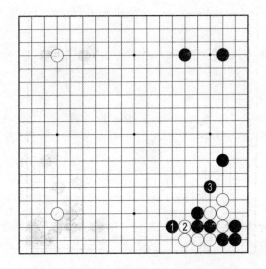

黑1就是布置一个陷阱，诱惑白棋来钻。

你以为对手满满的求战欲，实际上黑棋是声东击西。

所以，围棋要想下得好，兵法也要有所了解才行。

图一百一十九

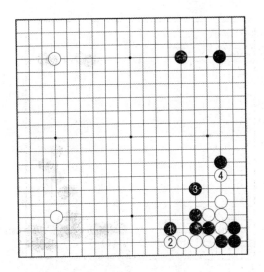

白2爬，才是局部的正解。

保持冷静！他强任他强，清风拂山岗。

黑3跳，封锁白棋。

白4碰，是局部定型的好手。

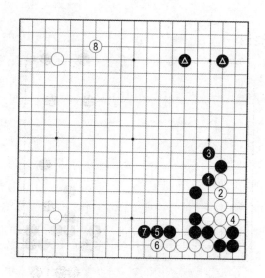

黑1、3大致如此，把白棋封进去。

至黑7，形成黑取势白取地的格局。

全局来看，黑棋稍稍有利，主要是黑棋右上角的配置极佳。但黑棋要掌控这样的局面，还是有相当大的难度的。

因此，我个人认为，这是双方差距不大，都可接受的定型。

本册结论

结论图一

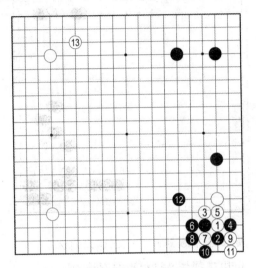

好啦！总结一下。

本册我们主要讲的是白棋1、3托虎的下法。

白7二路断是关键的一手。

对此，黑棋有两种选择。

黑8打吃是简明的选择，变化比较少。

至黑12，作为"外貌协会"的我，个人是喜欢黑棋。

但从胜率上看，双方是比较接近的。

结论图二

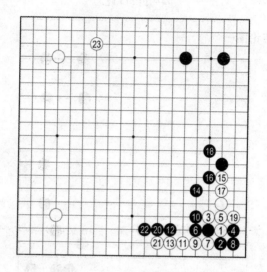

如果您不满意。

可以选择黑8粘角里的下法。

至黑22，形成黑取势白取地的格局。

从胜率上看，黑棋是稍稍有利的。

但黑棋掌握此局面的难度系数比较大。

因此，黑棋两个结论图的定型，您得根据自己的风格来做出选择。

下册预告

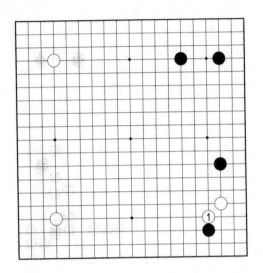

　　邹老师啊！您这册介绍的下法，我都不满意。

　　还有没有别的破解二间低夹的办法呢？

　　当然有！

　　邹老师，刷子还是有两把的。

　　白1小尖就不错。别着急，我们下册讲！

这里啥情况？

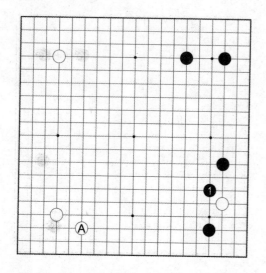

　　我还会告诉您，白棋脱先之后，右下角会出现哪些变化？

　　总之，童叟无欺，包学会！

这里又是啥情况?

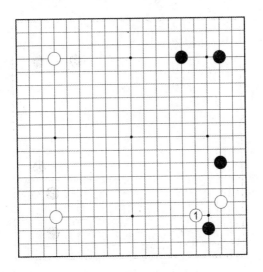

　　最终，还是会给大家讲讲最烧脑的小飞。

　　AI之后，大家都是在重新学围棋。

　　我会把我学习的心得分享给大家，

　　这就是我的学习笔记，希望能给大家带来

真正的帮助！

　　好啦！我们下册见。